はらだただし
ぜんぶ

原田忠全部

女性モード社

はじめに　原田 忠

この作品集には、
創作活動をスタートした
2002年から2016年までに手がけた作品のうち、
「時の洗礼」を受けるに値するという視点で作品を厳選し、
8つの章にわけて掲載している。
「時の洗礼」とは、時を経ても色あせることがなく輝きを発し続け、
時代を超えても通用する美しさと説得力を兼ね備えているということ。
これは作品づくりにおいて、常に目指す領域であり、
こだわり続ける理由であり、覚悟でもある。

タイトルの『原田忠全部』は、
2008年に開催した個展がきっかけで誕生し、
今では美容人生における
大切な瞬間を表現する代名詞として特別な意味合いを強く持つ。
未知の領域に対し、自分が持っているすべての力を出しきり、
最新の作品が最高の作品であるように
アップデートを繰り返しながら常に進化していきたい。
作品を通じて、見る人に表現者としての軌跡や
美容の可能性を感じてもらいたい。
そんな願いを込めて、本書のタイトルに選んだ。

どんな作品もまったく無の状態から生まれることはない。
僕にとって作品とは、これまで経験した記憶や
人生と向き合うことで初めて生み出されるもの。
この15年、自分の進む時間軸とオリジナリティを追求し続けてきた。
そういう意味でも、この本は美容人生をこれからも歩み続ける
原田 忠という人間そのものの軌跡を
垣間見れる一冊に成り得たと思う。

目次

はじめに	2
I 冥闇の領域	7
II 光彩の領域	33
III 幻造の領域	59
IV かたちと理（ことわり）の領域	81
V 彩色の領域	103
VI 幽世と浮世の領域	145
VII 紡ぎ編む領域	193
VIII 幻像の領域	225
コラム	56・70・78・170・184
作品リスト	264
おわりに	270

I

冥闇の領域

II

光彩の領域

表現者としての思いや軌跡が
作品に現れている

「Ⅰ冥闇の領域」の作品は、創作活動初期に手がけたもの。異質な質感を組み合わせたセットスタイルで、複雑な人間の業、美しさを表現した。自分の内面を掘り下げて、たどりついたコンセプトが「ダークで深淵な世界」。暗闇の妖艶な美を突き詰め、個性を確立したいと考えていた。航空自衛隊を経て美容業界に転身し、人よりスタートが遅い分、「早く認められたい」と心のどこかに焦りがあった。初期作品は今見るとどれも荒削りだ。しかし、それは焦りや葛藤をポジティブなエネルギーに変換して、正面からぶつかった結果だと思う。

一転して、新しい方向性に挑戦したのが「Ⅱ光彩の領域」。築き上げた作風を封印することに恐怖心はなかった。それよりも新しい自分に出会いたい、もっと成長したいという気持ちが強かった。その後、子どもの誕生や東日本大震災を経験し、「作品＝自分との対話」から「作品＝他者とのコミュニケーション」へと、つくり手としてのスタンスが変化した。今は美容の力を信じ思いを込めることで、誰かの夢や希望の後押しができればと思っている。

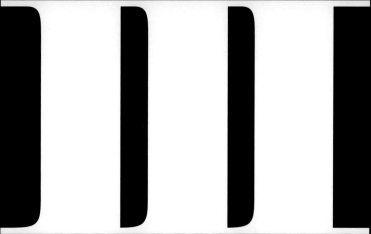

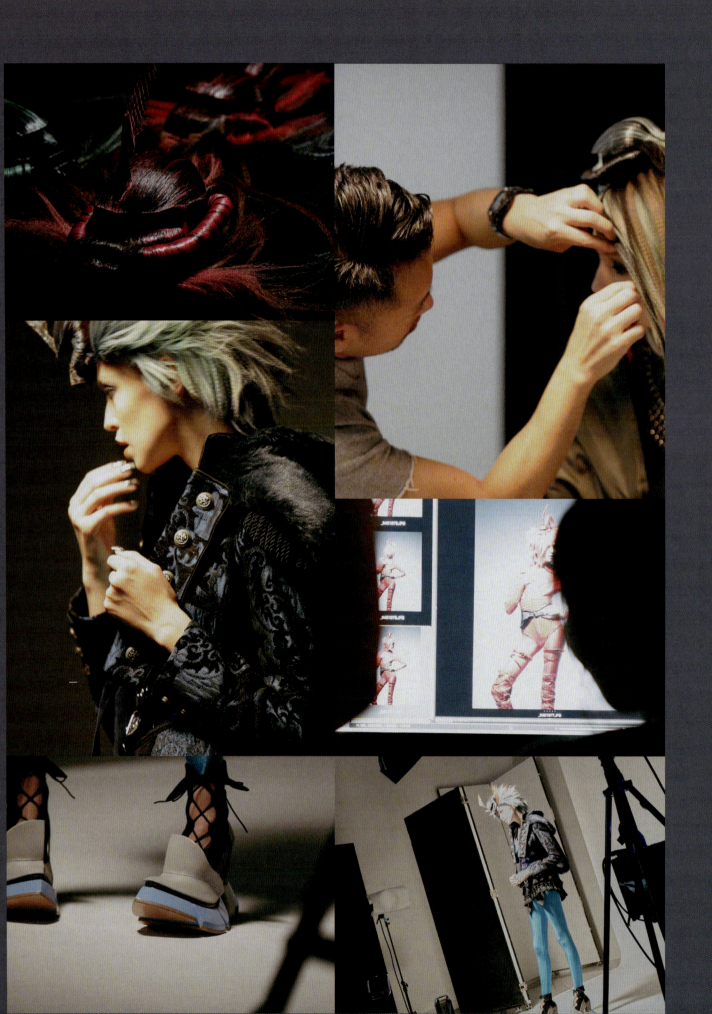

少年時代の憧れを新たな作品へと昇華させる

　田舎育ちの僕にとって、「マンガ、アニメ、映画」は数少ない娯楽だった。本屋に行けば座り込んでマンガを読み、アニメや映画を見ては妄想にふけった。特に、SFやダークファンタジーなど、非日常を描いた作品が好きだった。退屈な毎日を抜け出して、遠くへ行きたい。架空の世界に没頭することで、僕の心は自由に解き放たれた。戦闘機のパイロットを目指し航空自衛隊に入ったのも、少年時代の影響があったのかもしれない。残念ながら、その夢は叶わなかったが、未知なるものに憧れる気持ちはずっと変わらない。

　ただ、マンガやアニメをデザインソースに取り組み始めたのは、この数年だ。以前はイメージしたゴールに自分の実力が追いついていなかったし、単なるコピーではやる意味がない。「原田 忠」というフィルターを通して、リスペクトする作品に革新的な価値を生み出し、挑戦と実験を繰り返す。そんな思いを抱きながら経験を積み、最高の仲間とともに新しい挑戦に踏み切ることができた。創作の原点は少年時代に感じたワクワク、ドキドキ。たくさんの人に驚きと感動を与えられるような作品をつくっていきたい。

過去と未来の自分をつなぐ
ダークファンタジーの世界

昔からずっと心魅かれているのが、「ダークな世界」。初めてのクリエイション作品では暗闇の静寂、退廃的な美しさを表現した。なぜこんなに夢中なのか、自分でも明確な理由はわからない。ただ、影響を受けた作品は『仮面ライダー』『新造人間 キャシャーン』『サイボーグ009』『人造人間 キカイダー』『デビルマン』『ベルセルク』……、挙げるときりがない。映画『エイリアン』のデザインで知られる、H・R・ギーガーも大好きな画家のひとりだ。

共通しているのは、悩みや葛藤を抱えながら生死をかけて闘うヒーロー、善悪で割り切れない世界を描いていること。自分自身の人生を振り返ってみても、(結果的に)いつも困難な道を選んできた。作品づくりも同じ。トレンドを追うよりも、自分の奥底にある唯一無二の時間軸でつくる。瞬時に消費され、忘れ去られるような作品ではなく、自分が心魅かれる世界をビューティという視点で切り取り、世の中に向けて発信したい。ダークで深淵な世界は僕の原点であり、大切なインスピレーション源だ。

IV

かたちと理の領域

ヘアデザインの"かたち"は表現したいイメージの土台

ヘアデザインの"かたち"

ヘアデザインに"正解"はない——100人いれば100通りの答えが存在する。しかし、誰もが良いと感じる魅力的な作品をつくるためには、押さえておきたいルールがある。

・「表現したい内容を明確にする」（＝目的）
・目的に対し「最適な要素を洗い出して制作する」（＝情報の整理）

最終形が見えていれば、無駄なく、強いインパクトを出せる。言い換えれば、ビジョンがあいまいだと時間や手間がかかり、インパクトも弱い。

ヘアデザインを構成する要素は複数存在するが、質感や動きといった細部以上に、"かたち"は第一印象に大きな影響を及ぼす。また、「直線はシャープで静的」、「曲線はソフトで動的」など、私たちは"かたち"に対し、ある一定の印象を抱く。この法則をヘアデザインに応用すれば、自分が見せたいと思うイメージを、第三者にも同様に感じてもらうことができる。目的と直結した"かたち"の選択こそが、作品づくりの第一歩だ。

1_2
髪の方向性やウエイト位置も、印象を左右する重要な要素。写真1の「上昇線＆ウエイト高め」は明るく活動的な印象、写真2の「下降線＆ウエイト低め」は安定感があり、落ち着いた印象を与える。

3
ラインは髪と肌を区切り、視線を分断する。その存在感は非常に強く、角度や位置によってシャープに見えたり、フォルムに安定感が生まれたり、見た目の印象に大きな影響を与える。

4
直線や三角、四角がシャープで硬い印象なのに対し、曲線や丸いシルエットはやさしく、ソフトな印象を与える。ただ、大きさやボリュームの位置次第で、個性に強弱が出る。

1　2

3
4

ヘアデザインの外側と内側

　ヘアデザインのかたちは、外側であるシルエット（＝アウターライン）と、髪と顔の境目である内側（＝インナーライン）に分けることができる。

　下の写真を比較してみよう。2点ともレングスはほぼ同じ、シルエットはすそに向かって広がるストレートヘア。写真1のアウターラインが、外に向かう毛流れで鋭角的かつフラットなのに対し、写真2は内側に向かう毛流れで毛先の丸み、厚みが強い。また、写真1のインナーラインは直線的なカットラインのフルバングで、こめかみ付近がスクエア。写真2はバングからサイドまでラウンド状につながっている。写真1はシャープで緊張感のある印象を、写真2はソフトで安定感のある印象を与えている。

　外側・内側の形状、組み合わせ次第で、ヘアデザインの印象は大きく変わる。この点を理解した上で、「つくりたいテーマ」を軸にディテールやバランスを決めることが大切だ。一貫性があれば、作品に込めた思いがひと目で伝わると覚えておこう。

ディテールがイメージの幅を広げる

1

1 _ 2

写真1は内側、外側ともに直線で構成されたデザインがシャープな印象を強調している。写真2は全体的に丸みを帯びていて量感があり、ソフトな印象を与える。

2

1

シンメトリー×アシンメトリー

　シンメトリーは中心軸を境に、左右または上下で同じ要素を対称に配置したデザインを指す。逆に、非対称のバランスで構成されているのがアシンメトリー。

　ヘアデザインの外側（＝アウターライン）・内側（＝インナーライン）ともにシンメトリーな写真1は、顔立ちのバランスをはっきりと強調し、人為的に"つくり込まれた"印象を高める。

　また、アシンメトリーなバランスをヘアデザインの外側、内側、どちらに取り入れるかで作品の見え方は変わる。たとえば、インナーラインに取り入れた場合、顔立ちや骨格のバランスが調整しやすく、アウターラインでは躍動感や個性的な表現につながる。写真2のように、内側を「サイドパート×曲線的なライン」のアシンメトリーにすると、顔の縦の長さは長く、女性らしい印象も同時に高めることができる。

1 _ 2
写真1はシンメトリーなV字バングと直線的なアウトラインが特徴。個性的でクールな雰囲気が強い。写真2は顔まわりをアシンメトリーな曲線で構成。シンプルかつ最小限の要素で女性らしいムードを感じさせる。

2

基本のかたちを学び 新しい解釈を実践する

進化する"かたち"

ヘアデザインには、一般に広く浸透した定番のかたちが数多く存在する。たとえ、それが（今ではなじみのない）クラシカルなものだとしても、かたちに関する歴史やテクニックを知り、ヘアデザインの引き出しを増やすことは非常に重要だ。なぜなら、基本的な特徴とそれに適した技術を習得しておけば、新しい表現の可能性が無限に広がるからだ。どこを残してどこを変えれば良いのか、スタンダードを知ることで、自分なりの選択、見極めが可能になる。

また、ヘアデザイナーにとって、かたちの経験値――シザーズやブラシ、アイロンなどの道具類を使いこなすための動作・技術――は必ず役立つ。ひとつひとつの工程がどんな結果をもたらすのかを想像し、さらに新しいトライアルを模索する。ひとつの固定概念にとらわれず、新しい表現方法を意識し、試してみる。すぐには役立たないとしても、その経験値を積み重ねることが、新しい発想の源、美の創造につながる。

1
縮れ毛でボリュームのある丸いシルエットが特徴的な「アフロ・ヘア」がモチーフ。アウトラインはカットの切り口で構成し、頭の凹凸に応じて毛の断面を組み合わせ、やわらかな質感に。

2_3
「ビーハイブ」は蜂の巣のようにトップを高く結い上げるアップスタイル。写真2は後頭部、写真3は左右に大胆に張り出したシルエット。アウターラインはモデルの骨格、輪郭の延長線上に設定し、フィット感を出した。

「夜会巻き」の新解釈

　スタンダードなデザインを自分なりにアレンジする場合、基本的な構造と工程を知っておくことは大前提。なぜなら、どこか一箇所でも手を加えようとすれば、他の部分に必ず影響を及ぼすからだ。ヘアデザインの構成とバランス次第で、見た目の印象がどう変わるのか。「夜会巻き」を例に考えてみよう。

「夜会巻き」とは、左右に分けた後頭部の髪を頭頂部に向けてねじりながら巻き込んだもので、エレガントでクラシカルな印象が強い。衿足がゆるみなくタイトにまとめ上げられているか。サイドが後方に向かって美しく整えられ、スリークな面を描けているかがポイント。写真1、2はこれらの特徴がしっかり落とし込まれた上で、新たな解釈が加えられている。写真1は斬新で構築的なシルエットが目を引く。写真2は一見シンプルでいて、弓なりの形状やワッフルでクセづけた表面が存在感をはなっている。

　定番のヘアデザインには、押さえておくべき要素、構成の原理原則が必ず存在する。過去を知り、基本を習得することが、新しいデザインにつながる。

1
オウムガイを思わせる斬新なシルエット──サイドのひねりとトップの空洞が、モダンで近未来的な雰囲気を演出している。

2
横長シルエットで、面の存在感を高めた作品。表面にワッフルアイロンを施し、「面＝スリーク」という従来のイメージを刷新。

写真にしたときどう見えるか
2次元ならではのアプローチが重要

コントラスト（対比）

　コントラストとは、ある要素と別の要素を「対比」させるデザイン手法。かたちの大小や線の形状、質感など、その組み合わせは何通りも存在する。ウエットorドライのように、要素同士が対極にあればあるほど、強い印象を残し、作品のインパクトを高める。

　大切なのは、「強調したい部分（主役）」と「そうでない部分（脇役）」を明確に表現すること。肉眼ではメリハリがあると感じても、写真になったときコントラストが弱いと感じる。そんな現象を防ぐため、立体から平面に落とし込んだ際の見え方を計算するといった、写真表現ならではのアプローチが不可欠だ。また、ひとつのヘアデザインに複数の要素を落とし込む場合、一度すべてを盛り込んだ上でバランスを見ながら、どんどん減らしていく。後から足す工程は迷いや時間のロスにつながる。

　表現したいテーマに対し、相反する要素を組み合わせることで、新しいヘアデザイン、記憶に残る作品が誕生する。

1
1920年代に流行した「フラッパースタイル」。大枠のかたちは維持し、表面と内側、トップと毛先などリッジや質感に変化をつけた。

2
毛先は内巻き、サイドをフィンガーウエーブに仕上げた「ページボーイ」。全体の質感はあえて統一し、形状の違いに視線を誘導。

3
バックコームで両サイドのボリューム感をアップ。ドライ＆エアリーなアウターラインと顔まわりのウエーブとの対比を強調。

動きと質感の「基点」

動きや質感の出発点となる「基点」は、作品に統一感や美しさを引き出す上で、重要な役割を果たす。

一般的に、人はなめらかな動きや連続性のあるものを見たとき、異なる要素同士でも視覚的にまとまって見え、そこに調和と美を感じると言われている。ヘアデザインの場合、動きや質感がある箇所から"連続して"変化していくと、見る人の視線は迷わず、スムーズに流れる。逆に、相反する要素が点と点で分散しバラバラに配置されていると、視線は途切れてどこが見どころなのか迷ってしまう。

対極的な要素をひとつの流れの中に配することで、作品には全体的な統一感、調和が生まれる。基点は、その連続性のスタート地点。どこを見るべきか、見どころが明確なヘアデザインは、見る人に心地よい感覚、安心感を与えてくれる。

「基点」をつくって視線を誘導する

1
額の生え際に配した編み始めの箇所が基点。細い毛束と後ろに向かって広がるシルエットの相乗効果で、視覚的な流れが明確に伝わる。

2
額中央を基点にハチまわりに極細の地編みを施し、ビッグシルエットを引き締めながらオーバーの上昇する毛流れを印象づけた。

表現したいテーマに合わせ最適な構図を選択する

ヘアデザインと構図

　撮影を想定して作品をつくる場合、写真の「構図」はヘアデザインの構想と同じくらい大切だ。なぜなら、モデルやヘアデザインが同じでも、体や顔の角度、寄り引き具合で、写真から受ける印象はまったく異なるからだ。

　構図の決め手は、「作品で何を伝えたいか」。写真の目的がはっきりすると、最適な構図もスムーズに選択できる。たとえば、被写体全体を見せたいなら引きの写真、ディテールをしっかり見せたいのなら、肩上やバストアップといった寄りの写真になる。また、横位置の写真は横への広がりや奥行きが出て、空間を生かした演出が可能だ。写真のように、横位置で人物を中央に配した構図は、毛流れや毛先の広がりが強調され、余白の効果で余韻も感じさせる。

　また、画角（カメラで撮影する方向、範囲）をある程度決めておけば、ヘアデザインで注力すべき箇所が必然的に絞られ、施術の無駄も省ける。

写真の四隅から引いた対角線の中央に、被写体を配置した。視線が真ん中の人物から毛先の動きへと誘導される。また、髪と身体のラインを同一線上に配し、安定感が出ている。

全体を俯瞰して配置のバランスを決める

ヘアデザインと重心

構図を決める際は、ヘアデザインのサイズ感やボリューム、位置などをふまえて、他の要素とのバランスを調整する。他の要素とは、被写体の顔や身体の角度、衣装、アクセサリーなど、写真に写り込むヘアデザイン以外の要素を指す。大切なのは、各要素の重さ（実際の重量ではなく"見た目の重さ"）を見極めて、配置すること。一枚の写真として全体を俯瞰し、重心のとれた配置を決める。

たとえば、写真1のようにポイントの位置が高いヘアデザインは、ポージングや衣装で写真下部に重心を出してバランスを調整する。また、ポイントの大きさが極端で重心の偏った写真2・3は、衣装のボリュームや体の角度によって、上下の均衡をとることが可能だ。

撮影現場では、ファインダーをのぞいた状態を意識しながら、カメラマンと同じ視点に立つと良い。ポージングや衣装の組み合わせなど、ヘアデザインが一番映えるように、写真全体の重心バランスを調整する。

1
頭上部に横長で大きめのロールを配したヘアデザイン。あご～左肩を頂点に末広がりに重心を出して、写真に安定感が生まれた。

2
肩を内側に入れたポージングで、向かって右側の耳上の大きなロールを支えた作品。シンプルな衣装で、髪に視線を集めている。

3
写真の向かって右上にヘアの重心が偏っているが、ボリュームのある衣装とポージングを同角度にして安定をはかった。特殊なヘアデザインも合わせる要素を工夫すれば、作品として成立する。

1 2

写真に写るすべての要素に意味が込められている

造形美の構成要素

これまで紹介した作品を例に、写真表現の完成度を高めるために必要な要素とは何か、改めて分析する。

注目すべきは、ヘアデザインの「かたち」に関する要素（P82〜95）と、「構図」「重心バランス」といった写真全体に関する要素（P96〜99）。写真1〜3はともに、主役であるヘアデザインを際立たせながら、他の要素がバランスよく調和し、全体として特定のイメージを表現している。

まずは表現したいイメージ、コンセプトを決めて、ある程度、事前に構成や画角を検討する。現場では、モデルへの似合わせ、最適な角度などをさらに詰めていく。このプロセスを経て初めて、ベストな仕上がりに近づくことができる。

言い換えれば、何となくつくり始めた場合は、何となくの仕上がりにしかならない。現場で生まれた幸運な偶然──たとえば、毛のちょっとした動きや崩れ具合──は入念な準備の果てに誕生したもの。かたちと構図を成す、すべての要素に意味や理由があるのだ。

1

曲線と直線の対比を際立たせる

夜会巻きベースのミニマムなラウンドシルエットが引き立つように、インナーラインや衣装、ポージングと直線的な要素を随所に配した。肌の露出が多い衣装で、抜け感を表現。

大きなシルエット ＋ ドライな質感

対比・視覚誘導の基点

曲線の毛流れ ＋ グロッシーな質感

静から動へ変化する動きのスタート地点
＋
手前から奥へ向かう視覚誘導の基点

複数の編み込みで構成されたタイトなエリア

ヘアと異質な素材を混在させて対比を強調

抜け感のあるポージング

リッジの異なるウエーブ
＋
エアリーでソフトな質感

メリハリをつけたビッグシルエット

ワイドに広がるビッグシルエットは、センターパートや顔まわりのつややかな曲線で引き締め、メリハリを出した。構築的な衣装とポージングも構図に安定感をもたらしている。

視線を集める基点と構図

生え際の編み込みスタート地点を基点に、視線を集中させ、奥行きを出した三角構図の作品。余白はあえてつくらず、髪の存在感とコントラストを最大限に強調した。

V

彩色の領域

ヘアデザインと色

かたちが作品のイメージを支える土台とすれば、色は仕上がりの印象を決定づける重要な要素。作品にどんな色をまとわせるかで、与える印象は大きく変わる。

たとえば、スリークな面とブラントの直線的な切り口という共通点を持つ右の2作品。写真1は、膨張して見えがちな高明度・低彩度のベージュを、毛先に配した黒でひきしめ、リアリティのある近未来感を表現。対して、写真2は中明度・高彩度の紫と橙で構成した「色が主役」のヘアデザイン。二色を同じトーン（中明度・高彩度）にそろえたことで、作品としての統一感を持たせながら、ドラマチックな印象がより高まって見える。

ヘアデザインで何を表現したいか（何を主役に見せたいか）で、色に対するアプローチは異なる。色の特性を理解し、自分のつくりたいイメージやコンセプトに合わせて描き分けることが大切だ。

最終的な印象は使う色によって決まる

1
ベースカラーのナチュラルなベージュを黒でひきしめたシンプルな配色によって、カットラインや毛先の動きの存在感がより強く見える。

2
色が主役の作品。紫と橙の組み合わせで、色の対比を強調しつつ、二色のトーンをそろえることで、全体の調和は保たれている。

色の個性を理解し
デザインに落とし込む

色とイメージ

　色の種類や定義は、それぞれの地域や文化によって数多く存在するが、一般的に「無彩色（黒・灰色・白といった色みのない色）」と、「有彩色（赤や橙、黄色、緑など色みのある色）」に分類できる。そして、どんな色も見る人の感情に訴えかける力を持っている。

　たとえば、有彩色で赤や橙、黄系統の「暖色」は暖かさや昂揚感を、青系統の「寒色」は水や氷を連想させ、冷たさや落ち着きといったイメージを与える。また、「中間色」の緑は森や植物などの自然界を、紫は魅惑的で高貴な色としてよく知られている。

　さらに、色の感じ方に大きな影響を与えるのがトーン（色調）だ。たとえば、ペールトーンのように、明るいトーンは軽い・やわらかい・かわいらしいといったメージ。ダルトーンのような暗いトーンは重い、硬い、大人っぽいといった対照的な印象になる。

　このように、色は寒暖や情景、重量感など、さまざまなイメージと深く結びついている。作品では、色の持つ個性を上手に取り入れることで、描きたい女性像やコンセプトを的確に具現化できる。

3

5

4

1_2
写真1はキュートでかわいらしい印象を表現するため、高明度・低彩度のパステルトーンを選択。写真2はライトトーン（高明度・中彩度）の配色で、無垢で透明感のあるイメージを出した

3_4_5
写真3、4は中明度・高彩度。写真3はビビッドな赤で大胆に、写真4は紫のベースカラーに人のぬくもりを感じさせるイエローベージュを合わせた。写真5は全体をスモーキーな色みに仕上げ、シャープな印象をやわらげた。

陰影を描くことで平面が立体的に見える

ヘアカラーと立体感・1

色について考えるとき、忘れてならない存在といえば、「光」と「陰影」だ。光が当たって初めて、色は色として認識され、凹凸のある被写体には必ず暗い部分ができる。

もし、あなたが作品写真を見て「立体感に乏しい」「のっぺりとして見える」と感じたら、この暗い部分＝陰影の有無や描き方に原因があるのかもしれない。

写真という2次元の世界で、ヘアデザインに立体感を出すためには、色彩的な錯覚を利用すると効果的だ。たとえば、明度の高い色はふくらんで大きく見え（膨張色）、逆に明度の低い色は引き締まって見える（収縮色）。このほか明度の高い色は手前に（進出色）、明度の低い色は奥にあるように感じられる（後退色）。この錯覚をヘアデザインに応用すれば、立体感をより強調することができる。

注意すべきは、光の当たる角度を一方向に決め、反射のない暗い部分を見定めること。多方向からの光は陰影が分散して、立体感を描くのに不向きだ。

1

1
左上から光が当たった状態をイメージし、明暗を表現。暗部はトップからアンダーに向かってギザギザ状に色を塗り分け、束感や毛先の動きといった「線」も強調。

2

3

2

ベースは高明度のベージュ、トップや顔まわりの毛先にダークトーン〜黒を配した作品。暗部の存在が、頭の丸みやふっくらとした量感を引き立てている。

3

ヘアカラーを施す面積が少なくても、表面と内側の髪の重なりを計算した多層的な配色で、フォルムの奥行きを表現することは可能。緑をベースカラーに濃淡を描き分けた作品。

明部と暗部をつなぐ「光の動き」を意識する

ヘアカラーと立体感・2

被写体に一定の角度から光を当てたとき、照らされた物体には必ず明暗が生まれる。ここで注目したいのは、光源からの距離や当たる角度などによって、明るさは"徐々に"変化していくということ。ヘアカラー表現ではこの明暗の変化、いわば「光の動き」を頭に入れておくことが重要だ。

光源からの距離が近く、光が直接当たる表面は、フォルム全体の中でもっとも明るい部分。光源からの距離が遠かったり、光の届く範囲が少なくなったりするほど（たとえば、肌と接する内側の毛先）、暗さの度合いは増していく。ヘアデザインでは、この明るさの違い、「光の動き」を色に置き換えて描く。

また、明部と暗部、ふたつの領域をつなぐ境界は、段階的に色を変化させるのがポイントだ。視線がスムーズに流れることで、見る人は作品に対し美しいという印象を抱く。

1
「明部＝橙、暗部＝紫」を基調に、明部も表面と内側で濃淡をつけ、さらに耳まわりの陰影ものぞかせ、立体感を強調。モノクロでも濃淡の変化を視認できる。

2
橙を基調にトップ、ミドル、アンダーとセクションごとに明度差をつけた作品。毛の落ちる位置を見極めたカラーリングで、光り輝く面やマッシュの丸み、量感を表現。

3_4
写真3は、にぶい光に照らされたダルトーンの寒色系。スモーキーな質感に仕上げ、ほどよい抜け感のあるクールな女性像を表現。写真4は強い光に反射したシルバー〜グレイッシュなピンクで、フレッシュで若々しい印象に。

カラーデザインの新しい可能性

　自分だけのオリジナルデザインは、一朝一夕には生まれない。発想力を鍛え、作品に落とし込むための試行錯誤を繰り返すこと。失敗を恐れない攻めの姿勢が、ヘアカラーの新しい扉を拓く。

　まずは頭の中にあるイメージを紙に描き出して、さまざまな角度から掘り下げていく。ひとつのテーマに対し、王道のデザインから大胆に振り切ったものまで、デザインの強弱や方向性を変えて、最低3パターンは必ず考える。たとえば、「色相環」上で正反対の関係に位置する色同士（＝補色）は、互いを引き立てあう定番の組み合わせ。これを基準に、いろんなパターンを考え試してみる。こうすることでアイデアの引き出しが増えて、発想力を伸ばすきっかけになる。

　次ページからは、"色が主役"の作品を紹介する。ヘアカラーとヘアデザインの可能性を追求した作品たちを見て感じてほしい。

発想力とテクニックを磨いて今までにない色を生み出す

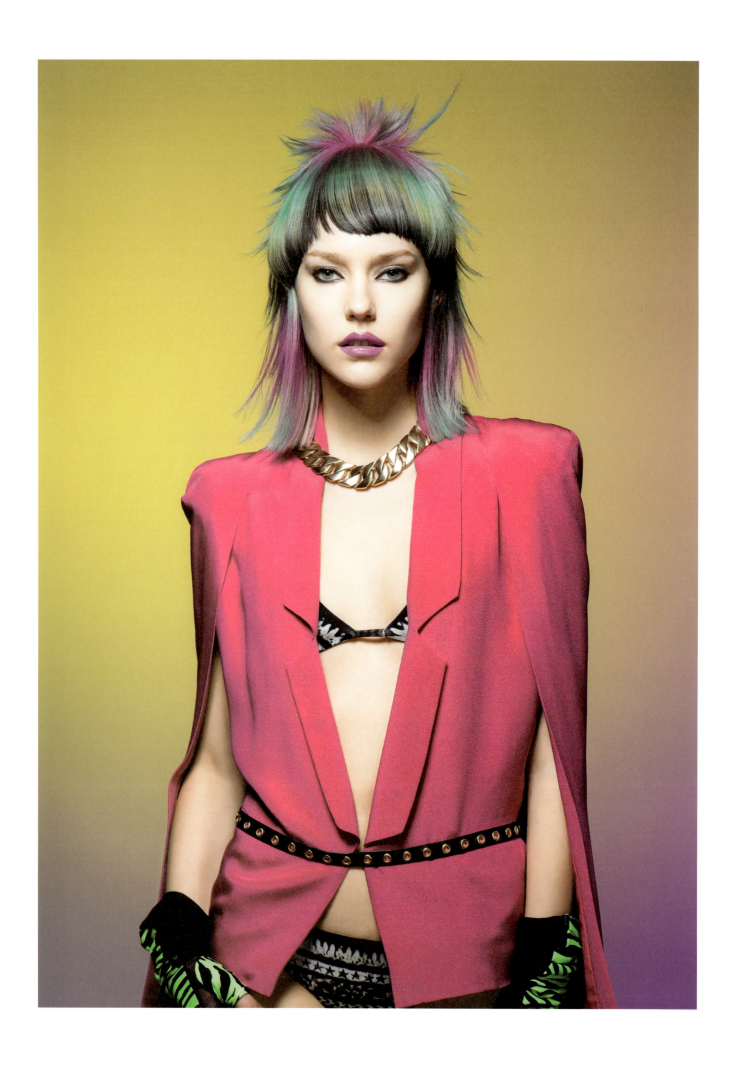

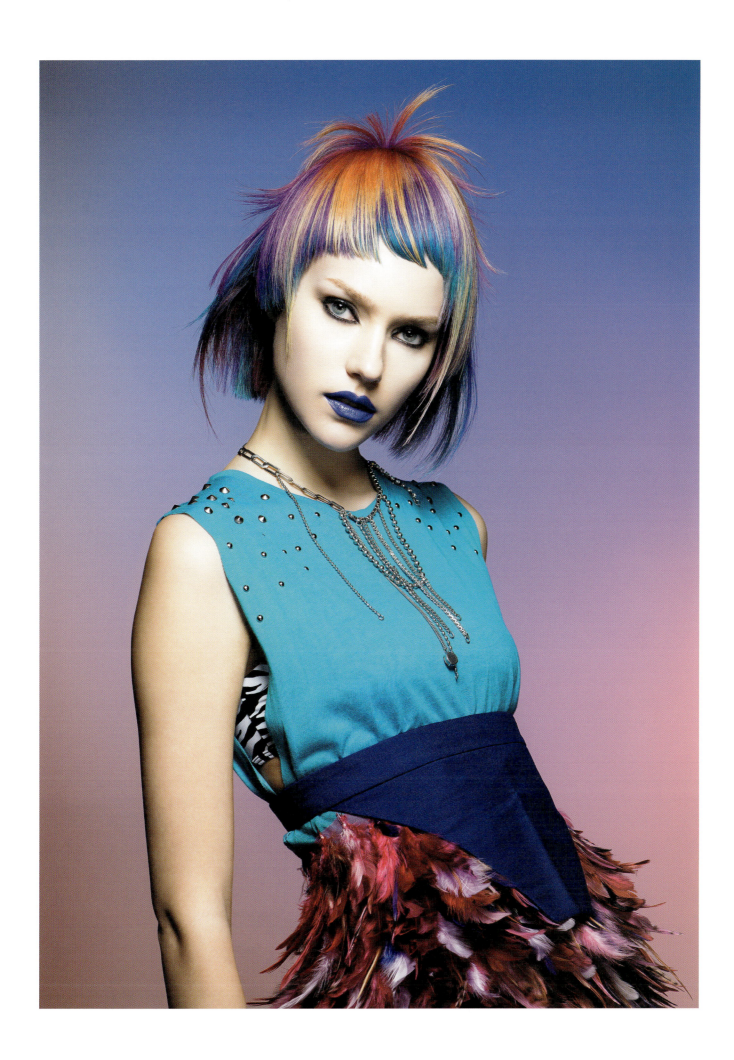

気がつくと、自分の好きな世界観や女性像ばかり描いていたり、同じようなヘアデザイン、構図になっていたりする。作品撮りを重ねる中で、そんな経験をした人は少なくないだろう。もちろん、自分で立てた目標やプランに則って、あえて同じテーマ、技術的な課題に取り組む場合もある。ただ、やりきったという達成感、次のステップに進みたいという手応えを感じたなら、それは成長できる大きなチャンスだ。

僕自身の過去を振り返ってみても、同じことが言える。クリエイションで一番怖いのが、過去の成功体験をなぞる行為、自分の経験値に頼ってしまうこと。新たな挑戦はエネルギーを相当使うが、技術を常にアップデートし、感性を刺激するモノやコトを求めて、アンテナを張りめぐらせれば、自分が見たことのない景色に出会える可能性は十二分にある。未知の領域に飛び込む勇気を継続できるかどうかがさらに問われる。時間はかかるかもしれないが、夢中になれる何かに向き合い続ければ、いままで見たことのない、驚きに満ちた自分だけの景色に、必ず出会えるはずだ。自分を信じろ、あきらめるな！今の自分を超えろ！変化を恐れるな！──いつも戦っている自分がここにいる。

　ヘアメイクとして年に数回、N.Y.やパリコレクションに参加している。海外を訪れて改めて感じるのが「自分が日本人である」という事実。特に、ファッションやビューティの世界では、「オリエンタル」や「ジャポニズム」といった"欧米から見た"東方諸国、日本の伝統文化に対する人気が高い。これらをテーマに作品をつくる機会があり、どう表現したら良いのか正直悩んだ。そんなとき、海外で言われたのが「欧米のマネではない表現を」というアドバイス。そこで、僕のクリエイションでは初となるアジア系モデルで制作したのがP186〜191の作品だ。また、P172〜183では伝統美の象徴である日本髪と、鋲など無機質な素材を組み合わせた。決して交わりそうもないイメージを融合させることで、新たな表現の可能性にチャレンジしている。
　クリエイションとは、自分の内側から表現の核となる原石を見つけ出し磨くこと。自分の原点に立ち返り、新たな表現を模索する過程はまさにクリエイティブそのものだと言える。

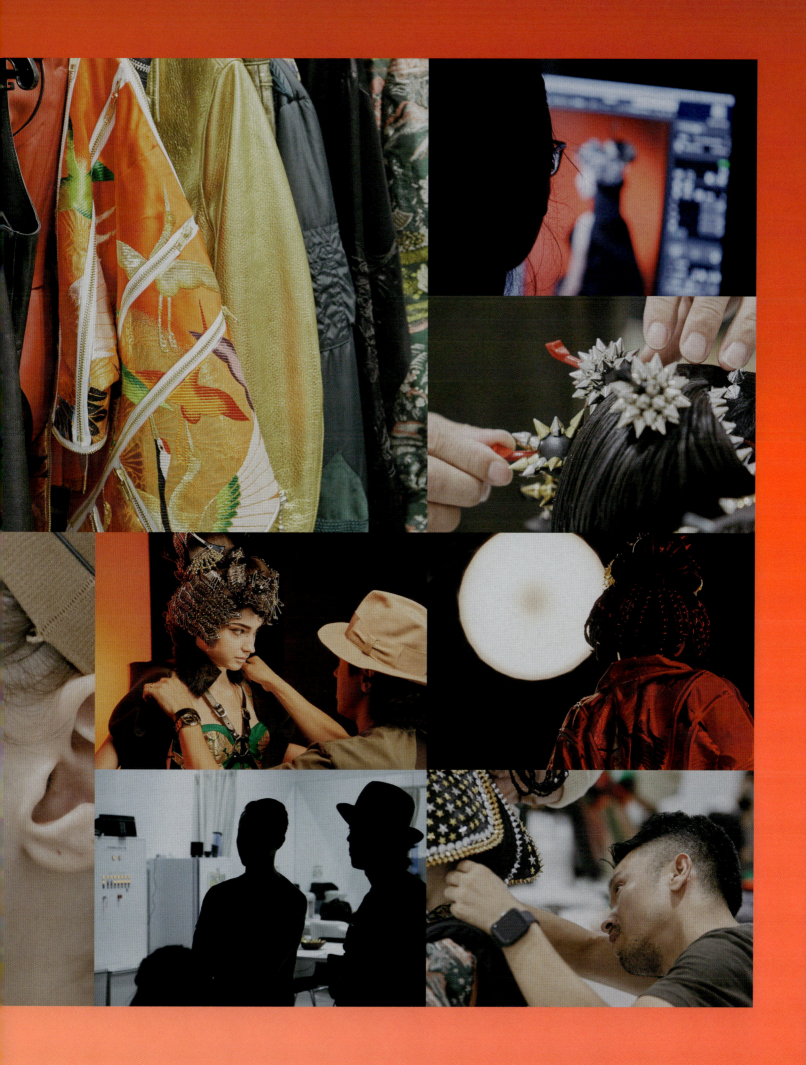

VII

紡ぎ編む領域

緻密で繊細な手作業が今までにない表現を生む

編み込みの可能性

編み込みは、七五三や成人式、ブライダルといったフォーマルなセットスタイルから、カジュアルなアレンジヘアまで、幅広いシーンで親しまれているテクニック。分けとった毛束に髪を足しながら編み進めると、次第に立体的な模様が生まれ、ヘアデザインを華やかに見せる。また、フェミニン、キュートといった女性像を演出するのにも有効だ。

ただ、地毛の場合、長さや量といった物理的な限界もある。作品づくりでは、化学繊維の人工毛（ファイバー毛）など、エクステを使用すると表現の幅がぐっと広がる。たとえば、細かく編み込まれた毛束が顔や身体を覆い尽くした作品。地毛では表現しえない編み込みの集合体が、圧倒的な力強さをはなつ。また、光沢感のある毛束でつくった立体的なフォルムは、重力から解き放たれた近未来的なイメージ表現を実現させる。毛束を緻密に編み、構成していくことで、従来のイメージから脱却し、新たな次元のインパクト、強さが作品に生まれる。

編み方の異なる毛束を組み合わせてつくった、絶妙なバランスのフォルム。光沢のある毛束を通して注ぎ込む光が、ファイバー毛特有のツヤを美しく見せている。

編み込み作品『HANA』は、2011年3月11日に発生した東日本大震災の復興支援を目的に、資生堂が主催し宮城県仙台市にて開催された「あしたがもっとカラフルになりますように　色とりどりのラブレター展」というヘア＆メイク作品展に出品したオブジェだ。

被災者に向けて、鎮魂の気持ちを込めて1ヵ月間かけて制作。色相環をベースにした14個の輪を螺旋状につなぎ、命のつながりと絆を曼荼羅のように表現した。また、作品には次のようなメッセージを記した。

「ヘアやメイクは平和の上に成り立ち、有事の際には無力だ。だが、最後に人々の心を満たし、笑顔を作れるのは私たちの仕事であると信じている」──当たり前に行なっていた化粧や整髪することを習慣とした日常を再開することも、復興の一歩となる。きれいになって、困難に立ち向かい戦うのである。

編み目の仕上がりに
つくり手のすべてが出る

基本的な編み方

　編み込みの基本型として、広く知られているテクニックといえば「三つ編み」だ。1本の毛束を3本に分け、左右から中央に向かって交互に編み進める。毛束を表側から編むか、裏側から編むかによって、仕上がりの模様は変わる。表側から交差させた場合、その模様はY字状になり（下の写真「三つ編み」参照）、外側から交差させた場合はハの字状になる。また、分けとる量が細かく密な編み目になるほど、より繊細で華麗な印象を与える。

　美しく仕上げるためのポイントは、毛束を均等に分けテンションを均一に保って編み進めること。指先に神経を集中させ、毛束がゆるまないように注意しながら、手早く交差させていく。四つ編み、五つ編み、六つ編みと、毛束の本数が増えてもそれは同じ。テンションにばらつきがあると、毛束がゆがんで美しい編み模様にならない。つくり手の技術レベルや集中力が、如実に現れる。編むという行為はシンプルでいて奥の深い技術だ。

三つ編み　　　四つ編み　　　五つ編み　　　六つ編み

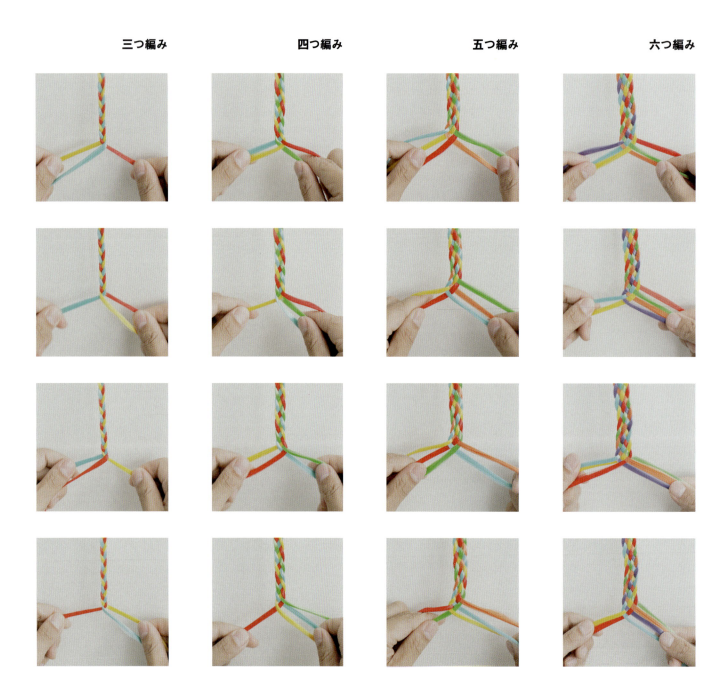

編み方のバリエーション

　ここでは人工毛を使用したさまざまな編み方を紹介する。「バリエーション1、2」の土台となるのが、三つ編みを応用した「共通」。3本の毛束から均等に少量の毛束を分けとり、残りの毛束をパネルにピンで固定して三つ編みする。途中で各毛束から極細の毛を分けとりつつ先端まで編み、すだれのような筋状の部分をつくる。「バリエーション1」は、筋状の毛束を織り込みながら、冒頭で少量分けとった3本の毛束を三つ編みしたもの。「バリエーション2」はかご編みの要領で、筋状の毛束を一定間隔でさらに細かく分けとり、一番奥の毛束を交互に重ね合わせるテクニック。ネットのような形状で、平面から立体まで自在に変化する。最後の草鞋編みは、針金に巻きつけた毛束をアイロンでクセづけ、ほぐしたもの。

　いずれも技術自体は、三つ編みをベースにしたシンプルなものばかりだ。大切なのは技術の追求と探究心。実際に手を動かすことで、自分だけの新しい発見と気づきが得られるに違いない。

共通	バリエーション　1

	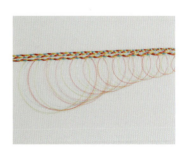

バリエーション　2　　　　　　　　　　　　　　　　　　　　　　　草鞋編み

顔の輪郭や頭のフォルムバランスをベースに、編み込みでつくったパーツを装飾的に配した構築的フォルム。地毛の髪色をふまえたカラフルな配色も、全体のフィット感をつくり出す大切な要因。

2

1
ドライでエアリーな質感のシルエットに、蝶々のような編み込みパーツが映える作品。編み目の形状や質感でコントラストを出しつつ、色をリンクさせることで全体に統一感が出た。

2
三つ編みから派生した繊細なループが目を引く作品。アウトラインはモデルの骨格や構図を見ながら設定し、額と顔まわりにボリュームを出すことで全体の量感を調整した。

編み方を工夫して地肌からデザインする

地毛を編むということ

　地毛を少量ずつ分けとり、頭皮に沿って細かく編んでいく髪型は、細かい編み目がトウモロコシに似ていることから、コーンロウ・ヘアとも呼ばれる。生え際から細かく編むため、うぶ毛のような短い毛の処理や生えグセ、毛流れの見極めが重要になる。

　また、編む範囲が狭くても、ヘアデザインに与える影響は大きい。なぜなら、頭皮に沿って地毛を編み込むと、量感を抑えたタイトな部分が必ず生まれ、他の部分との違い──ボリュームや動き、質感など──を際立たせる。その結果、フォルムが引き締まり、ヘアデザインにメリハリが生まれる。このほか、編み始めは視覚誘導の基点として、視線を集める重要な役割を果たす。

　編み込んだ部分からアウトラインにかけてボリュームや質感が徐々に変化する過程は、ヘアデザインの「緊張と開放」。編み始めの位置やスライスのとり方、幅、編み方などを変えることで、デザインは豊かな広がりを見せる。

「コーンロウ・ヘア」をベースに、地編みのツイストや面と線をクロスさせ、規則性を持たせて配置した。フロントからバックに向かって放射状に広がるデザインは、極小のスペースに繊細さと、一切の乱れをも許さぬ緊張感をまとっている。

エクステを使った編み込みを徹底的に追求したことで、改めて地毛の持つ可能性に回帰。地毛を編み込み、メイクと同じ感覚で、顔を髪でデザインする——。次ページからは、そんな発想で手がけた編み込み作品の数々を紹介。

エクステを使った編み込みを徹底的に追求したことで、改めて地毛の持つ可能性に回帰。地毛を編み込み、メイクと同じ感覚で、顔を髪でデザインする——。次ページからは、そんな発想で手がけた編み込み作品の数々を紹介。

VIII
幻像の領域

幻像の領域

上から順に　………　見出し&作品シリーズタイトル　／　掲載頁　／　スタッフクレジット　／　制作、掲載年　／　掲載先

1
『麗しき堕天使たち』
P9,13,17,19
hair design&make-up : Tadashi Harada [SHISEIDO]
photo : Toru Koike [atelier buffo]
digital operation : Eri Kato
2003/©JOSEI MODE

ダークな世界観を突き詰め、編み込み表現の多様性と可能性、デコラティブな要素と質感をミックスさせたデザインに面白さ、自分らしさを見出したころの作品。デザインのコントラストとハーモニーを意識し、表現したい質感や形状をコントロールでき始めたのも同時期だ。何度も失敗を繰り返す過程を経て、'04年度Japan Hairdressing Awards（以下、JHA）グランプリを受賞（P9）。ここから編み込みの繊細さを極める境地へと突き進んでいった。

─────　"作品づくりは孤高だ。
　　　　　孤独を我が物とし、
　　　　　さらなる高みを目指す崇高な行為でもある。"

2
『ゴシックホラー』
P10-12
hair design&make-up : Tadashi Harada [SHISEIDO]
photo : Toru Koike [atelier buffo]
digital operation : Eri Kato
2003/©JOSEI MODE

美容業界専門誌のデビューを飾った作品。ここからダークファンタジー、ゴシック、デカダンス的な要素を取り入れた世界観の作品づくりがスタート。映画『エイリアン』のクリーチャーデザイナー、H・R・ギーガー（1940-2014）や、マンガやアニメなどもイメージソースとして昇華させた。'03年度JHA最優秀賞新人賞を受賞し、記憶に残る作品となった。

─────　"自分は何者なのか。
　　　　　自分はどこから来てどこへ向かうのか。
　　　　　たどり着いたその先には
　　　　　何が待っているのか……。
　　　　　自分探しの旅が始まった。"

3
『ダークヒーロー』
P14,16,18
hair design&make-up : Tadashi Harada [SHISEIDO]
photo : Toru Koike [atelier buffo]
digital operation : Eri Kato
2004/©SNIP STYLE

雑誌の企画で「ヒーロー」をテーマに依頼され、アニメやマンガに登場するダークヒーローをイメージしてつくった作品。編み込みにスタッズやハトメ等の金属をとり入れ、「髪＝有機物」と「金属＝無機物」の相反する素材を組み合わせることでインパクトをねらった。編み込みで顔まわりをデザインすることが面白く、ヘアピースをつくりながらさまざまなイメージが浮かび、表現することに貪欲だった時期。'06年度JHA準グランプリを受賞（P16,18）。

─────　"自分の個性と感性を信じ、
　　　　　研ぎ澄ませ！──
　　　　　そう自分に言い聞かせ続けてきた。"

4
『FUSION 融合』
P20-21
hair design&make-up : Tadashi Harada [SHISEIDO]
photo : Toru Koike [atelier buffo]
digital operation : Eri Kato
styling : Tsuyoshi Takahashi [Decoration]
2005/©Hyakunichiso

編み込みとカットスタイルの融合に挑戦した作品。深海に漂うクラゲをイメージし、トップのクリーンな質感から毛先に向かって揺れ動く浮遊感を表現。静寂で深遠な世界を演出した。ヘアデザインにネイルチップをつけたり、釣りの錘をアクセサリーとしてとり入れたり、編み込み表現の幅と可能性を広げることができた。また、初めて衣装スタイリストを入れて撮影し、クリエイティブを発信し続けるための"原田チーム"が誕生した記念すべき作品でもある。'05年度JHA準グランプリ受賞（P20）。

─────　"深遠なる世界に魅せられ、
　　　　　暗闇の中をもがき足掻きながら、
　　　　　手探りで美をたぐりよせていた。"

5
『Imagination×Re:create』
P22-23
hair design&make-up : Tadashi Harada [SHISEIDO]
photo : Toru Koike [atelier buffo]
digital operation : Eri Kato
styling : Tsuyoshi Takahashi [Decoration]
2008/©JOSEI MODE

「もしもまつ毛が伸び続けたら」、「もしもメイクが髪にまで浸食していったら」などなど、妄想と現実の狭間を具現化した作品。P22は、つけまつ毛として黒髪のエクステで長さを強調し、さらに鳥のブラックフェザー（羽）を重ねづけして、インパクトのある白と黒のゴシックな世界を演出。P23は、ボリュームのあるヘア表面と顔がつながって見えるようにエアブラシで同じ模様を吹き付け、一体感を出した。

─────　"現実としか思えない夢、
　　　　　もしその夢から目覚めなかったら……。
　　　　　はたして現実と区別できるだろうか？
　　　　　もし、今もまだ夢の中だったら……。"

6
『インナー・ブレード』
P24-27
hair design&make-up : Tadashi Harada [SHISEIDO]
photo : Toru Koike [atelier buffo]
digital operation : Eri Kato
styling : Tsuyoshi Takahashi [Decoration]
2008/©JOSEI MODE

耽美でどこかフェティッシュ、エロティックといったイメージを具現化。ボディコンシャスな衣装に無機質な金属の要素をとり入れ、ヘアメイクにもヘッドピースやマスク、ジッパー、スタッズ、ハトメ、スワロフスキーなどの装飾を加えることで、トータルバランスを図った。特にヘアメイクでは、「カッコいい、でも見たことがない」、そんな衝撃的な仕上がりを心がけた。準備に時間をかけて撮影はスムーズに、そしてポージングにこだわった画づくりを始めたのもこのころから。

─────　"頭の中にイメージを持つことと、
　　　　　実際に具現化する行為とはまったく別物だ。
　　　　　前者は存在しない、後者は存在する。"

）7
『BRAIDS』
P28,30-31/2007/©JOSEI MODE
『Form Decoration』
P29/2007/©Hyakunichiso

hair design&make-up : Tadashi Harada [SHISEIDO]
photo : Toru Koike [atelier buffo]
digital operation : Eri Kato
styling : Tsuyoshi Takahashi [Decoration]

編み込みをより繊細かつ複雑に進化させた、ヘアピース誕生のきっかけとなった作品。かご編みでデコラティブな立体をデザインしたり、三つ編みを重ね合わせて甲冑を模したり、デザインや技術、完成度など、編み込みをやり切ったという到達地点となった。妖しさはどこか影を潜め、静寂の中に美しさが際立つ仕上がりになっている。

——————— "何かをなすためには、どこかに狂気を秘め、
　　　　　　　犠牲を払うことすらいとわない。
　　　　　　　そんな強い覚悟を持って作品を手がけてきた。"

）8
『Chinoiserie』
P35-36,38-41
hair design&make-up : Tadashi Harada [SHISEIDO]
photo : Toru Koike [atelier buffo]
digital operation : Eri Kato
styling : Seiko Irobe
2013/©SNIP STYLE

「シノワズリ」をコンセプトに、"自分史上最高にかわいらしい"仕上がりを目指した。「かわいい」の定義を見つめ直すことで、色やかたち、質感など必要な要素を見出した。色相環を感じさせる複雑なカラーリングをヘアデザインに落とし込んだり、フィンガーウエーブのクラシカルなイメージを払しょくしたり、表現の可能性にチャレンジできた作品でもある。

——————— "自分がつくろうとする
　　　　　　　世界観にどっぷりと浸ることができるか否か、
　　　　　　　自分もその気になって演じ切れるかどうかが、
　　　　　　　作品のクオリティを左右してしまう。"

）9
『KAWAIIのイマージュ』
P42-45
hair design&make-up : Tadashi Harada [SHISEIDO]
photo : Toru Koike [atelier buffo]
digital operation : Eri Kato
styling : Tsuyoshi Takahashi [Decoration]
2006/©Hyakunichiso

初めて、「かわいい」というテーマを依頼されたときは正直苦しかった……。ただ、誰が見てもかわいいと感じるためには何が必要か、その定義からフォルムや質感、モチーフ、ヘアデザインの構成、カラーリング、モデル選びから表情まで、それぞれの要素や素材を集めて構築することで、イメージ通りの作品に昇華できた。あらゆる角度から検証し、ひとつの作品をつくり上げるために必要なプロセスを学んだ。

——————— "誰もが持つ共通認識をヘアデザインに
　　　　　　　散りばめることで、作品を見た人は
　　　　　　　ある一定の"共感と安心"を得る。
　　　　　　　悪く言えば退屈だ。
　　　　　　　未知なるものへの挑戦はリスクを伴うが、
　　　　　　　記憶に残るインパクトは出せるはずだ。"

）10
『FUTURE&CRAFT-2007、2016』
写真上 P46-47,P210-211/2016
写真下 P51, P213/2007

©SABFA SCHOOL GUIDE
hair design&make-up : Tadashi Harada [SHISEIDO]
photo : Toru Koike [atelier buffo]
digital operation : Eri Kato

「SABFA」の学校案内パンフレットの表紙作品。P51は、白と青のカラーリングで夢や希望につながる"フューチャリスティック"なイメージ。P213はブロンドの編み込みで手作業、"クラフトワーク"的な繊細さと温もりを表現。いずれも衣装やアクセサリーは使用せず、バストアップの構図で美容の素晴らしさをシンプルに表した思い出深い作品だ。P46-47とP210-211は'07年作品からインスパイアされ、同じテーマで10年経った今の自分だったらどう表現するかをテーマに、'16年に撮り下ろしたもの。

——————— "美容とは文化である。
　　　　　　　僕たちは美のバトンを次世代に
　　　　　　　渡し続けなければならない、
　　　　　　　美の先人たちがそうしたように。"

）11
『無題』
P48-50
hair design&make-up : Tadashi Harada [SHISEIDO]
photo : Toru Koike [atelier buffo]
digital operation : Eri Kato
styling : Seiko Irobe
2013/©資生堂プロフェッショナル

多色使いや淡い色彩のヘアカラーで、髪の立体感や束感が心地よく感じられ、見た人が温かく優しい気持ちになってもらえるようにと想いを込めてつくった作品。セミナーパンフレット用に制作。

——————— "作品に説明書はいらない。
　　　　　　　作者が想いと熱量を込めた作品は、
　　　　　　　自然と見る人に語りかける。
　　　　　　　作品そのものがコミュニケーションの手段となり、
　　　　　　　メッセージを届けてくれるはずだ。"

）12
『Colorful』
P52-54
hair design&make-up : Tadashi Harada [SHISEIDO]
photo : Toru Koike [atelier buffo]
digital operation : Eri Kato
styling : Seiko Irobe
2012/©TOKYO FASHION EDGE

ミニマムなフォルムでやさしいカラーリングが際立つヘア。遠くを見つめる眼差しの先には夢や希望がある。作品を見てくれた人が少しでも温かい気持ちになってくれるような願いと思いを込めてつくった。東日本大震災を経験しなければ生まれてなかった作品。これ以降、ペールトーンなど、やさしい色使いのカラーリングでヘアスタイルを創作するきっかけにもなった。'12年度JHAグランプリ受賞（P55）。

——————— "美しいものを見ることも、
　　　　　　　化粧や整髪することも、
　　　　　　　心の復興につながる。
　　　　　　　有事を平時に引き戻す力が美容には
　　　　　　　あると信じている。"

）13
『TROOPERS』
P60-69
hair design : Tadashi Harada [SHISEIDO]
make-up : Tomomi Shibusawa [SHISEIDO]
photo : Toru Koike [atelier buffo]
digital operation : Eri Kato
styling : Tsuyoshi Takahashi [Decoration]
2015/©JOSEI MODE

子どものころ、夢中になったあの世界観を、どうやってヘアとメイク、ファッションで表現できるのかに挑戦した作品。メカニカルな存在感を出しながら、髪と一体化させることに試行錯誤したものの、仕上がった作品は自分にとって大変感慨深いものとなった。

"好きなモノやコトを
どう自分の世界に持ってこれるか考えるだけで、
子どものようにワクワク、ドキドキする！"

14
『FUN』
P72-77
make-up : Tadashi Harada [SHISEIDO]
photo : Toru Koike [atelier buffo]
digital operation : Eri Kato
2015/©JOSEI MODE

70年代や現代のアニメのキャラクターをモチーフに、目もとの限られたスペースで表現した作品は、それぞれのイメージを象徴するキーカラーやアイコンなど記号を散りばめた。目もとのみにフォーカスした作品は、自分にとって新たな試みになった。

"制約があればあるほど、
表現する心は自由でいられる。"

15
『visual column 造形美』
P82-85,P88,P91-92,P214
hair design : Tadashi Harada [SHISEIDO]
make-up : Chizuru Fukuike [SHISEIDO]
photo : Masaya Kudaka [Synchronicity]
2013-2014/©JOSEI MODE

"時の洗礼"を受けたベーシックなヘアスタイルを、現代的な解釈でデフォルメしたり、造形美を再構築した作品群。クラシカルなスタイルの質感やフォルムを変化させたり、誇張や強調させたりすることで、ヘアデザインのさらなる可能性を探った。美の先人たちが築き上げたデザインの芯に触れ、新たにリ・デザインすることに心地よいプレッシャーを感じずにはいられなかった。

"「時の洗礼」を経て
受け継がれる作品に触れたとき、
美意識はさらに高まるはずだ。"

16
『TRANSFORM』
P86,P96-97,P99,P204
2010/©TOKYO FASHION EDGE
『Colorful』
P93/2012/©TOKYO FASHION EDGE
hair design&make-up : Tadashi Harada [SHISEIDO]
photo : Toru Koike [atelier buffo]
digital operation : Eri Kato
styling : Tsuyoshi Takahashi [Decoration](P86,96-97,99,204),
Seiko Irobe (P93)

『TRANSFORM』は、誰もが持つ共通認識を変化させることに挑んだ作品。"かたち"が持つ従来のイメージとは真逆のベクトルに持っていったり、単体では面白みに欠けるシンプルな形状をデフォルメしたりすることで、ヘアデザインは規制から解き放たれる。質感や形状のコントラスト、毛先の透明感や量感とのバランス、複雑さと抜け感、対極的な要素をかけ合わせ、デザインはさらなる広がりを見せる。

"作用と反作用、原因と結果、
混沌と調和、バランスを保つか、
崩すか――。"

P96-97は、風で吹かれたような髪の一瞬の動きを疑似的に再現した作品。ボードに固定したエクステに繊細なうねりと動きをつけてヘアスプレーを吹きつけ、乾燥させる工程を繰り返し、イメージ通りにクセづける。そして、モデルの頭上に一本の棒を水平に置き、髪のバランスをみながら透明なテグスでその毛束を吊り下げて撮影した。実際には風を当てておらず、もし当てたとしてもこの瞬間を押さえるのは至難の業である。

"偶然は存在しない。
すべては計算された必然の上に成り立ち、
当然のように自然に見えるだけだ。"

17
『Contrast & Harmony』
P87,P94-95
hair design&make-up : Tadashi Harada [SHISEIDO]
photo : Toru Koike [atelier buffo]
digital operation : Eri Kato
styling : Tsuyoshi Takahashi [Decoration]
2006/©JOSEI MODE

初めて月刊誌『HAIR MODE』の表紙依頼を受けて撮影した作品の別カットを収録。リニューアル号の表紙だけに相当気合を入れて取り組んだことを覚えている。P94-95の2作品は地毛から編み込みテクニックを全面に押し出すことで、原田印をしっかり刻んだ作品。

"緊張と開放、陰と陽、
それぞれが強くなればなるほど
お互いを引き立たせ、存在感が増す。"

18
『Modern&Elegance』
P89-90,P112-113
hair design&make-up : Tadashi Harada [SHISEIDO]
photo : Toru Koike [atelier buffo]
digital operation : Eri Kato
2012/©IZANAGI

かたちと色について、改めて考察した作品。4点ともフォルムはシンプルだが、P89-90は面構成やディテール、P112-113はカラーリングでデザインとしてのインパクトを高めつつ、全体的なバランスを調和させた。静的な要素が強いが、細部まで計算し尽くしている。

"魅入ってしまうほどの繊細な仕事は、
語らずして圧倒的な説得力を持つ。"

19
『無題』
P98
hair design&make-up : Tadashi Harada [SHISEIDO]
photo : Toru Koike [atelier buffo]
digital operation : Eri Kato
styling : Tsuyoshi Takahashi [Decoration]
2008

シンプルで美しいフォルムとは何か。モデルのポージングや骨格、頭の大きさ、ヘアのかたち、配置のバランスなど、造形的な要素にこだわり、完成度の高いヘアデザインを目指した作品。要素をそぎ落とし、どこか不思議なバランスをねらったこの2作品は、のちの作風にも影響を与えた。原田作品の分岐点、ひとつの系譜が始まるきっかけにもなった。

"シンプルほど怖いものはない。
なぜなら、それはすべてがさらけ出されてしまうから。
ごまかしが効かないからこそ、
真剣にストイックに技術を
追求しなければならないのだ。"

) 20
『The Edge』
P104-105,P107（作品5）
hair design&make-up : Tadashi Harada [SHISEIDO]
photo : Toru Koike [atelier buffo]
digital operation : Eri Kato
styling : Tsuyoshi Takahashi [Decoration]
2009/©髪化粧

「シンプルなフォルムとヘアカラー」がテーマ。シャープなカットラインのベースに対し、ヘアカラーで奥行きと立体感が出るよう計算し配色した。毛先一本一本まで妥協することなくスタイリングし、撮影する角度を決めてヘアのクオリティを高める作業にのめり込んだ。ヘアカラーやスタイリングの技術レベルの向上を目指し、模索していた時期でもある。

―――――― "行動にはすべて結果がともなう。
目的の意味を理解していない選択や行動は、
目指すべき道すら見失ってしまう。"

) 21
『COLOR SCHEME』
P107（作品3,4）-109,P111
hair design&make-up : Tadashi Harada [SHISEIDO]
photo : Toru Koike [atelier buffo]
digital operation : Eri Kato
styling : Junya Hayashida [SIGNO]
2010/©髪化粧

初期のダークな作風から一転。シンプルなフォルムとヘアカラーでデザインしたスタイルは、白バックでコントラストを効かせた。同一色相、類似色相、対比色相に加え、トーンもふまえてデザイン。カラーデザインの面白さに目覚め、色から作品をイメージするきっかけになった。使用したウイッグは高価な人毛だったので、大切に扱っていたのも良い思い出。

―――――― "実際に体験することで、
あらゆることが初めて理解できる。
一見は体験に如かず。"

) 22
『GLAM』
P116-127
hair design : Tadashi Harada [SHISEIDO]
make-up : Tomomi Shibusawa [SHISEIDO]
photo : Toru Koike [atelier buffo]
digital operation : Eri Kato
styling : Tsuyoshi Takahashi [Decoration]
2015/©JOSEI MODE

'70年代のグラムロックからインスパイアされ、カラフルでアグレッシブなヘアカラーで表現。色鮮やかな8スタイルを、わずか1日で撮り下ろすという過酷な撮影だったが、入念な準備と心強いスタッフのおかげでクオリティの高い作品となった。

―――――― "万全な準備で臨むからこそ、
心に余裕と遊びが生まれ、
その気持ちが作品に反映される。
準備こそすべて！備えあれば憂いと悔いはなし！"

) 23
『MARBLE EFFECT』
P129,130-137
hair design : Tadashi Harada [SHISEIDO]
make-up : Tomomi Shibusawa [SHISEIDO]
photo : Toru Koike [atelier buffo] , digital operation : Eri Kato
styling : Kaori Tanaka [Gao & stume]
costume : Diego Uene
2015/©JOSEI MODE

金太郎飴の要領で、筒から押し出した毛束をばっさり垂直にカットすると、断面が見事なマーブル模様になる。計算しても決してつくり出すことはできない、偶然の産物ともいえるカラフルなマーブル模様でヘアを表現した。試して失敗してまた試す、その繰り返しで初めて見えるものがある。

―――――― "あきらめないこと、迷わないこと、続けること――
このプロセスが発見と驚きの連続につながる！"

) 24
『PIXEL』
P139-141,P143
hair design : Tadashi Harada [SHISEIDO]
make-up : Tomomi Shibusawa [SHISEIDO]
photo : Toru Koike [atelier buffo]
digital operation : Eri Kato
2015/©JOSEI MODE

ヘアがデジタルに変換されるイメージをピクセルでヘアカラー表現。髪が落ちる位置を計算してスクエアにブリーチしカラーリングするプロセスはかなり繊細な技術を要し、試行錯誤した。

―――――― "生活を豊かにしてくれる高度な情報化社会と
デジタル化が進む現在、髪や肌に触れ、
笑顔を生み出す美容師の人間的な
「ぬくもり」だけは決して消えないで欲しい。"

) 25
『ARMOR―鎧・甲冑』
P146-149
hair design&make-up : Tadashi Harada [SHISEIDO]
photo : Toru Koike [atelier buffo]
digital operation : Eri Kato
styling : Tsuyoshi Takahashi [Decoration]
2008/©SNIP STYLE

西洋甲冑を何としてでも撮影で使いたかった。マンガやアニメ、映画などから影響を受けた自分が、「中世の妖しい世界観を表現するなら」と思い、甲冑をファッションと組み合わせ、ヘアメイクで表現した作品。甲冑のシャープさや硬質で光沢のある質感を、ヘアスタイルでも表現。ブリーチ中のウイッグが放置のしすぎで使いものにならなくなったり、苦い経験や失敗も多々あったが、それも準備段階の良い思い出だ。撮影後は、もちろん自分が甲冑を装着させていただきました（笑）！

―――――― "入口は誰の前にもある。
ただ、ノックするだけか、開けて覗き見るか、
一歩踏み出すか。
最後に決断するのはすべて自分だ！"

) 26
『明暗の旋律』
P150-151
hair design&make-up : Tadashi Harada [SHISEIDO]
photo : Toru Koike [atelier buffo]
digital operation : Eri Kato
styling : Tsuyoshi Takahashi [Decoration]
2006/©TOKYO FASHION EDGE

イメージソースは、中世の退廃的で妖しい世界。ウイッグやエクステを駆使したヘアデザインとは対極にある、モデルの地毛を使った編み込みを強調した。フィンガーウエーブをイメージした編み込み、タイトロープの地編みなど、ていねいに時間をかけて編み込んだ繊細なスタイルづくりは、自分との闘いであるとも言える。

―――――― "迷ったら原点に戻る。
ときには、積み上げた経験値を
捨て去る勇気を持たなくてはならない。
知らないうちに自分で自分を
縛りつけてはいないだろうか？"

27
『DEVIL MAN LADY』
P152-153
hair design&make-up : Tadashi Harada [SHISEIDO]
photo : Toru Koike [atelier buffo]
digital operation : Eri Kato
2008/個展「原田忠全部」展示作品

初めての個展でPR用に作成。髪を装飾的なアートとしてどうやって成立させるかに挑んだ実験的な作品。編み込みでマスクをつくるため、ヘッドピースを黙々と作成していたのを思い出す。

———————"誰も想像だにしない表現に果敢に挑むからこそ、
唯一無二の個性ある作品が生まれる。"

28
『FIRE BALL』
P154-155
hair design&make-up : Tadashi Harada [SHISEIDO]
photo : Toru Koike [atelier buffo]
digital operation : Eri Kato
2008/個展「原田忠全部」展示作品

テーマは「ファイアーボール」。人間の中にこそ悪魔が潜んでいると、主人公が烈火のごとく怒り、焼き尽くしたあるマンガの1シーンから着想を得た作品。炎をイメージしたヘアカラーや、フェイスペイントを施したメイク、バック紙も炎をプリントしたものを使用するなど、熱く燃え上がるエモーショナルな世界観を絵画的なアプローチで表現した。

———————"魂に火をつけろ!
自分を信じる勇気を持つことが
自分を奮い立たせる!"

29
『Day of the Dead』
P156-169
hair design : Tadashi Harada [SHISEIDO]
make-up : Tomomi Shibusawa [SHISEIDO]
photo : Toru Koike [atelier buffo]
digital operation : Eri Kato
costume design : Tomoki Terui
2016/©JOSEI MODE

あるアイドルグループのCDジャケットでヘアメイクをディレクションした際、ふつふつとわいたイメージをアップデートし、シュガースカルメイクやヘッドアクセサリー、ドレスでトータルコーディネイトした。ドレスからヘアメイクのイメージをふくらませたプロセスは新鮮な体験。全身が見えるように引きの構図を想定し、さまざまな花を散りばめたヘッドアクセサリーは大きなサイズで存在感を強調、ヘアのレングスも長めにして風を当てるなど、躍動感のある仕上がりになった。ちなみにフェイスタトゥーは自らデザインしたもの。

———————"異界の幽女達を降臨させるべく、
降魔の儀を執り行なう。
ときには耽美で優麗な世界に憧れ、
浸ってみたくなる……。"

30
『Re IMAGINATION OF JAPANESE BEAUTY』
P172-183/2015/©JOSEI MODE
P186-191/2014/©SNIP STYLE
hair design : Tadashi Harada [SHISEIDO]
make-up : Tomomi Shibusawa [SHISEIDO]
photo : Toru Koike [atelier buffo]
digital operation : Eri Kato
styling : Tsuyoshi Takahashi [Decoration]

遠いイメージや相反する要素を組み合わせることで、固定観念を打ち破り、新しい表現を探し出す。2015年版では、日本髪とスタッズやピノ、ッパーなど金属的要素を組み合わせ、和とパンクなイメージの融合＝フューチャリスティックなジャポニズムたり得るかを問うた。日本髪に規則的にピンを配列したり、等間隔でスタッズを置いたり、編み込みとジッパーを組み合わせたり、その作業はプラモデルをつくる感覚と似ている。

———————"ヘアメイクは傾くことと見つけたり!"

31
『3 DIMENSIONAL BRAIDS』
P200-201
hair design&make-up : Tadashi Harada [SHISEIDO]
photo : Sohei Yanaoka
2013/個展「原田忠全部」展示作品

個展を開催した際、記念に制作した3Dカード用の編み込み作品。使用したヘアピースは30個! 初期のころより、仕上がりに繊細さが増し、スキルアップしたことが確認できる。編み込みというライフワークの集大成であり、記念碑的作品。

———————"狂気にも似た細部への徹底的なこだわりと、
時間を忘れるほどの集中力が、
美の結晶を生み出す。"

32
『HANA』
P212
hair design&make-up : Tadashi Harada [SHISEIDO]
photo : Toru Koike [atelier buffo]
digital : operation Eri Kato
styling : Seiko Irobe
2012

東日本大震災の被災地へ向けたエールとして創作したこの作品は、被災地で展示されるため、観てくれた方が、温かく、穏やかで、優しい気持ちになってもらえたらという願いを込めた。今も続く被災地の方々の底知れぬ深い悲しみと苦しみ。私たち美容師は、美を容つくる以外に人々の心を豊かにし、笑顔を生み出す力があると信じている。同じ現実を共に戦っている人々の笑顔を取り戻せるその日まで、自分の力を信じ戦い続ける。被災し亡くなられた方々の御冥福を心よりお祈りいたします。

———————"同じ空の下、共に生き、共に戦う!"

『紡ぎ編む』
P216-219,P221-222
hair design : Tadashi Harada [SHISEIDO]
make-up : Tomomi Shibusawa [SHISEIDO]
photo : Toru Koike [atelier buffo]
digital operation : Eri Kato
2016/©JOSEI MODE

編み込みをしているときの心の在り様は、さまざまだ。無心であったり、デザインをどう構築するか頭の中でシミュレーションしたり、妄想をふくらませたり。それは自分自身と向き合う大切な時間である。途中で投げ出したくなるとき、イメージしたものをつくらずに終わるのは罪だと自分に言い聞かせる。今日は昨日の自分に勝てたか否か、問いかける瞬間を何度も積み重ねる。やり切った先に、必ず新しい景色があると信じて進むのみ!

———————"編み込みにはさまざまな想いが
一緒に編み込まれ、刻まれている。"

33
『ジョジョの奇妙な冒険』
原作「ジョジョの奇妙な冒険」荒木飛呂彦
(集英社ジャンプコミックス刊)

P226-255
hair design&make-up : Tadashi Harada [SHISEIDO]
photo : Toru Koike [atelier buffo]
digital operation : Eri Kato
styling : Tsuyoshi Takahashi [Decoration]
©LUCKY LAND COMMUNICATIONS／集英社

原田忠というフィルターを通し、自分にしか表現できない「ジョジョ」を出さなければ意味がない。自分ができうる最大限のリスペクト（敬愛）とオマージュ（敬意）を込めて、ヘアメイク&ファッションで今まで誰も見たことや想像したことのない「ジョジョ」をつくり出す。誰に強制されたわけでもない、勝手な使命感が、気持ちを突き動かす。それこそが僕の夢!

　　　　　　　　　"崇高な「精神」と魂の「覚悟」、
　　　　　　　　　最上の「敬愛」が吹き込まれた作品たちは、
　　　　　　　　　時代を超えて見る人の希望となるだろう。
　　　　　　　　　審美眼を持ち、心に「黄金の風」が吹いたなら、
　　　　　　　　　新たな美を愛でる自分に必ず出会えるはずだ。
　　　　　　　　　マンガ×リアリティこそ、
　　　　　　　　　ネクストビューティとなる瞬間であり、
　　　　　　　　　すべてはこの作品から始まる!"

） 34
『テラフォーマーズ』
原作「テラフォーマーズ」作：貴家悠/画：橘賢一
（集英社「週刊ヤングジャンプ」連載）
P257-262
hair design&make-up : Tadashi Harada [SHISEIDO]
photo : Toru Koike [atelier buffo]
digital operation : Eri Kato
styling : Tsuyoshi Takahashi [Decoration]（P260右,P261左）
costume direction : Saori Tsuji（P257,258,P261右,P262）
3DCG : Kaihei Hayano [GARYU]（P259,P260左）
©貴家悠・橘賢一／集英社

子どものころから夢中で読みあさっていったマンガ誌に、自分の作品がグラビアとして掲載され、2015年5月には銀座駅構内の壁一面に広告として張り出される。それは、まさに奇跡であり、感涙であり、感慨深いものである。だからこそ、やる以上は今までの自分のスタイルを打ち破って、今までを超える表現のアップデイトに挑んだ。信頼できるクリエーターを招集し、クリエイティブセッションを真剣に追求した。

　　　　　　　　　"過去の作品たちが、
　　　　　　　　　新たな作品を生み出すチャンスをつくってくれる。
　　　　　　　　　そうやって夢の仕事は続いて、
　　　　　　　　　繋がっていく……。"

） 35
Other
photo : Toru Koike [atelier buffo]
（P72-78物/物はすべて原田私物,P 194-199,P205,P206-209)、
Kosuke Tange（P2,P70,P114-115,P170-171,P184-185,P215）

） Special Thanks
Sadistic Action Tel.03-5468-3675
TOMOKI TERUI http://www.tomokiterui.com/
突撃洋服店 SHIBUYA Tel.03-3496-1910
PUNK CAKE Tel.03-6804-2215
For Your Pleasure Tel.03-5786-0012
MEGMIURA Tel.03-5790-9162
Wataru SATO coco.wataru@gmail.com、
http://thewatarusato.wix.com/watarusato

） Special Website Direction
Hirotatsu Kishi [SHISEIDO PROFESSIONAL]

おわりに

クリエイションとの出会いは28歳。
資生堂が長年培ってきた美容技術の粋を集めた教育機関でもある
「SABFA」で学んだ1年が自分の創作の原点でした。
自らの個性や多様な美の表現が問われ、頭に思い描いたイメージを、
感性と技術を駆使してかたちにする日々を通じ、美とは人や時代によって、
またつくり手によって様々に変容する可能性を秘めていることを学びました。
ヘアメイクの仕事を通じ、常に色褪せない新たな美を追い求め、
発想力や表現力を磨き、技術の精度を高め、
自分のスタイルを構築できるよう勇往邁進してきました。
積み上げ続けた経験値は、多くの表現の蓄積と次なる新たな一歩を
踏み出す後押しにもなりました。
作品づくりは、表現者としての可能性を広げるだけでなく、
人生をも豊かにしてくれるものでした。

美はひとつではない。
だからこそ、探究心や冒険心をくすぐられ、
情熱と魂を込めた表現の可能性に果敢に挑戦し続けることができました。
そんな創作の軌跡でもあるこの作品集は「原田忠にしかできない本」
というコンセプトの元、企画してくださった
女性モード社　月刊『ヘアモード』編集長の小池入江さん、
2、3年前から少しずつ企画を練り上げながら長きに渡り複雑で膨大な作品数を、
見応えある本に編集してくださった梅村真貴子さんには心から感謝いたします。
またこの本はファッションとクリエーションのイメージ表現が大部分を占めております。
撮影チームメンバーとして絶大な信頼を寄せる、
フォトグラファーの小池徹さん、デジタルオペレーターの加藤エリさん、
スタイリストの高橋毅さんらの協力がなければこの本が成り立たないほど、
彼らのチームワークとクリエイティブ力に助けられました。
カバーを含む書籍デザインでは心の内面を
タイポグラフィーで表現していただいた岩城将志さん他、
ここまで温かく見守り支えてくれた最愛の家族や資生堂スタッフ及び、
関係者全員に感謝いたしております。
最後に深いご理解のもと、この出版の機会を与えていただきました
株式会社女性モード社の寺口昇孝代表取締役社長に、
心よりお礼申し上げます。そして最後の最後に一言、
この作品集『原田忠全部』を手に取っていただき、

原田 忠全部

SHISEIDO
TADASHI HARADA
原田 忠

原田 忠

はらだ・ただし／1971年生まれ。群馬県沼田市出身。高校卒業後、航空自衛隊航空管制官のキャリアを経て美容業界へ転身。美容師として5年間のサロンワークを経験し、1999年ヘア＆メーキャップスクール「SABFA（Shiseido Academy of Beauty & Fashion）」クリエイターコースへ入学、2000年資生堂に入社。トップヘア＆メーキャップアーティストとして資生堂の宣伝広告を中心に、NYやパリ、東京コレクションなどで活動し、化粧品やヘアスタイリング剤の商品開発にも携わる。また、著名ミュージシャンなどのCDジャケットやミュージックビデオにビューティーディレクターとして深く関わる他、人気漫画『ジョジョの奇妙な冒険』、『テラフォーマーズ』（集英社）のキャラクターをヘア＆メーキャップとファッションで3次元化するなど、ビジュアル表現による無限の可能性に挑戦・発信し、国内外から高く評価されている。'04年、'12年「JHA（Japan Hairdressing Awards）」グランプリ受賞。'16年「SABFA」第7代校長に就任。

原田忠全部

2017年1月25日　初版発行
2017年12月1日　第2刷発行

定　価　　　本体8,000円＋税
著　者　　　原田 忠［SHISEIDO］
発行人　　　寺口昇孝
ブックデザイン　岩城将志
発行所　　　株式会社女性モード社
　　　　　　〒161-0033 東京都新宿区下落合3-15-27
　　　　　　Tel.03-3953-0111　Fax.03-3953-0118
　　　　　　〒541-0043 大阪府大阪市中央区高麗橋1-5-14-603
　　　　　　Tel.06-6222-5129　Fax.06-6222-5357
印刷・製本　株式会社千代田プリントメディア

© SHISEIDO
Published by JOSEI MODE SHA CO.,LTD.
Printed in Japan

禁無断転載